ACADÉMIE IMPÉRIALE.

FACULTÉ DE RENNES.

THÈSE

POUR

LA LICENCE

NANTES
IMPRIMERIE DU COMMERCE — EV. MANGIN, QUAI DE LA FOSSE, 25.
1866.

ACADÉMIE IMPÉRIALE.

————◦◦◦◦◦◦————

FACULTÉ DE RENNES.

THÈSE POUR LA LICENCE

————◦◦◦◦◦◦◦————

IVS ROMANUM. . . . . De nautico fœnore.

DROIT FRANÇAIS.—CODE DE COMMERCE. . Contrat à la grosse.

Cette thèse sera soutenue le samedi **4 août 1866**, à 7 heures du matin ;

PAR M. JEAN-OLIVIER GOUIN,

Né à Nantes (Loire-Inférieure), le 8 février 1845.

Examinateurs :

MM. BIDARD, président ; HUE, GOUGEON, professeurs ; THOMAS, agrégé.

————◦◦◦◦————

NANTES.

IMPRIMERIE DU COMMERCE — EV. MANGIN, QUAI DE LA FOSSE, 25.

1866.

Ⓒ

A MON PÈRE

A MES PARENTS.

A MES AMIS.

JUS ROMANUM

De nautico fœnore.

Digeste, livre XXII, titre 2. — Code, livre IV, livre 33.

Cum nobis de nautico fœnore tractandum sit, pauca primùm de mutuo, cui nauticum fœnus valde simile est, dicemus :

Mutuum est contractus re perfectus, quo alicui res quæ pondere, numero, vel mensura constant ità damus ut accipientium fiant , et quandoque nobis , non eædem sed aliæ ejusdem naturæ reddantur. Ex hoc etiam mutuum appellatum est, quia res ex mea tua fit. Quod quidem, etiam in nautico fœnore verum est, nam pecunia trajectitia navigantis fit, et nunquam eadem redditur.

In hoc etiam hi duo contractus consonant, quod plerùmque aliquid ultrà pecuniam creditam, id est sortem, reddi debet quod extra sortem est usura, vel fœnus appelatur : etenim non naturaliter ab accipiente usura debitur :

Sed contrà , multis rationibus, inter se dissentiunt mutuum et nauticum fœnus. Etenim quum in nautico fœnore multo majora pericula creditor passurus est, hoc detrimentum aliis commodis compensandum est. Nam creditor qui trajectitiam pecuniam dedit eam exigere nequit, si aut ipsa pecunia , aut quidquid ex ea comparatum sit, navigio perierit. Hinc inter mutuum et nauticum fœnus, oritur hoc discrimem , quod mutua pecunia periculo est accipientis, trajecticià vero periculo dantis.

Quum verò sortem etiam perdere possit , creditor nautico fœnore, in hoc contractu nullum circà usuras modum inveniemus : Romœ contrà usurarum modus in mutuo semper impositus fuit ne debitores a creditoribus nimium urgerentur :

Denique in hoc quoque, a mutuo nauticum fœnus distat, quòd in nautico fœnore etiam nudo pacto usuræ debentur , in mutuo vero , et ut usuræ debeantur , stipulatione opus est. Nobis haec inter mutuum et nauticum fœnus satis dixisse videtur, nunc de nautico tantùm fœnore loqui oportet.

Contractus nauticus ni hil est aliud quàm mutui quœdam species. Res credita dicitur trajectitia pecunia, Id est, pecunia quœ trans mare vehitur ; merces quoque ex ea pecunia comparata in eadem causa versantur si in maris discrimen adductæ fuerint.

Hoc proprium habet contractus nauticus quòd si res perierit intra statuta tempora erit damnum creditoris ; sed creditor infinitas usuras , exigere potest, casu non superveniente , usurœ quœ nudo pacto debentur. Nauticum ergo fœnus est ea fœnoris species quœ ex trajectitia pecunia percipitur.

Nunc dispiciamus , quœ contractui nautico propria sint , circa damna et usuras et stipulationem pœnalem et hypothecam quam de restituendà trajectitià pecunià cum fœnore nautico solet accipere debitor. Denique breviter loquamur de aliis contractibus, mutui contractui nautico affinibus.

I. — *De damnis quæ ad creditorem pertinent.*

Nauticum contractum speciem mutui esse diximus; etenim manifesta conventione opus est ut creditor periculum rei suscipiat.

Nec omne periculum ad creditorem spectat, sed illud tantum, quod è navigatione, scilicet ex maris discrimine procedit. Itaque si ex fenebri pecunia illicitæ merces comparatæ sint et ex illis

navis onerata fuerit. Deinde a fisco occupatæ fuerint; manifestum est, non tempestatem, sed debitoris scœlus damnum attulisse, et dicendum est, illud damnum non ad creditorem spectare sed ad debitorem.

Imò, si navigii locus servatus non fuerit, amissa pecunia, debitor non liberatur, si contrà intra statuta tempora, et sine culpa debitoris res perierit, creditor nec recipere usuras, nec repetere sortem potest.

II. — *De usuris.*

Contractus quidem nauticus, stricti juris est. Attamen ad favendum navigationi et propter periculi magnitudinem, summum jus mitigatum est circà usuras.

Usuræ enim debentur ex nudo pacto quemadmodum per stipulationem ; in mutuo contra, naturaliter, non stipulata debetur usura, et absente stipulatione condici non potest, ità ut si quis et sortem et non usurarum stipulatorem, simul in jus deduceret plus petitionis pœnam committeret.

Imò, infinitas usuras ex trajectitià pecunià convenire licet, sed Justinianus, centesimam permittens, graviorem prohibuit, ut creditor ultra licitum modum usuras exigere possit ; Necesse est periculum rei ad eum pertinuisse. Quod si post diem præstitutum aut conditionem impletam periculum rei ad debitorem transierit, tum nauticum fœnus legitimà usurà majus recipere creditor non potest.

Deniquè communium usurarum, observatione discedere licet, hoc solo tempore quo navis navigat.

III. — De Pœnali stipulatione.

Stipulatio pœnalis contractui nautico propter moram solutionis solet adjici.

Nec sine conventione usuræ propter moram debentur ; in mutuo enim stipulatione opus est, ut sors usuris crescat, nauticumque contractum nihil aliud esse quam mutui speciem suprà ostendimus.

Etiam nobis videtur necesse esse, stipulationem committi, ut creditor istas usuras exigere possit ; tantùm enim nudo pacto, debetur fœnus, non qui ex trajectitia pecunià percipitur.

Imò Labeo censebat, non debere propter moram, usuras, in promissor interpellatus fuerit. Etenim ait : « Si nemo sit qui a » parte promissoris interpellari trœjectitiœ pecuniœ possit, idi- » psum testatione complecti debere, ut pro petitione cederet : » aliter censebat Africanus ; et Justinianus suo codice sententiam Africani firmavit : Hac testatione adhibita, qua loquitur Labeo, pœna committitur, etiamsi fueret jacens debitoris hœreditas.

Pœna, propter moram stipulatata non augeri debet, ex nautico fœnore sed oriri tantum ex credita pecunia ne usurœ ex usuris ducantur.

Creditores solebant servum mittere qui pecuniam peteret, et stipulari certam summam, in singulos dies quibus si mora fieret; nam ob hanc moram, operis hujus servi carebant. Ita vero infinitam in stipulationem deducere summam non potes; aliquid ultrà communes, usuras consequi non licet, aut ultra duplum sortis, nisi eo tempore quò periculum ad creditorem spectat.

Usuras a debitore, stipulatur si solvere, sortem, nauticumque fœnus moratur, et altera stipulatione, certam pecuniam, in singulos dies, quibus operis servi carerem, si una ex his stipulationibus, minus centesimis usuris amplectitur, ex altera stipulatione, quod deerit consequi, mihi licebit, sed non ultra legitimam usuram.

IV. — *De hypotheca, quam de restituenda trajectitia, pecunia, cum nautico fœnore solet accipere debitor.*

In nautico contractu, solent fœneratores, merces pignori accipere, quæ in nave, impositæ sunt, ex venditis mercibus, novæ comparatæ prioris pignoris loco obligantur.

Si plurimi sint creditores, potiores in pignore habentur, qui ante alios merces pignori acceperint.

Ei qui pecuniam mutuo dederit ad merces servandas, leges privilegium tribuunt. Sine dubio ante alios creditores, si merces non pignori acceperint, pignoris petitione pecuniam exigere poterit; contra si acceperint, post eos tantum pignus persequetur ni et ipse hypothecam a debitore obtinuerit.

Cum debitor, pecunia vel mercibus ex ea, comparatis amissis liberatur simul et pignora liberantur. Ait Paulus: Creditor si non solum merces in nave impositas pignori accepit, sed etiam alias merces, aliis fœneratoribus, obligatus, et in aliis navibus impositas, si propria navis perierit intra statuta tempora, non persequi posse, cœterarum navium superfluum. Etenim sortem, cum usuris eo tantum casu exigere poterat, quo salva navis redierit, et navis amittitur. Redeunte illa, ad cœterarum navium superfluum admitti potest, si pignus corruptum fuerit, non discrimine maris, sed aliquo casu, aut si navis perierit, cum jam periculum creditorem, non spectaret. Quod si ita evenerit obligationis conditio extitit.

V. *De aliis mutui contractibus, contractui nautico, affinibus.*

Qui pecuniam mutuam credit, alia præter maritima pericula, suscipere potest, veluti si piscatori erogaturo in apparatum, pecunia detur, ut, si cepisset, redderet, sin minus nil redderet. Item athleta unde si exhiberet, exerceretque ut, si vicisset, redderet, sin minus nil redderet. Hic contractus, nautico fœnori, valde similis est, nam conditio fortuita et casualis est, et, prout eveniet creditor accipiet ant non accipiet. Unde, æquius visum est in hoc quoque casu, creditorem infinitas usuras exigere posse. De hoc, tractat Scevola, in lege V. principium Dig, nostro titulo, quœ quidem lex varias interpretationes admisit « Periculi pretium est, ait Scevola, et si conditione quamvis pœnali, non existente, recepturus in quod dederis, et insuper aliquid, prœter pecuniam, si modo in alea speciem non cadat. » Donellus hanc legem sine ulla correctione interpretatur. Ex ejus sententia, quum tibi dedi aliquid ut facias, si non feceris, non tamtum quod tibi dedi sed aliquid etiam insuper condicere possum, dummodo alia non sit. Quod quidem nimis conditionis, causa data causa non secuta regulis contrarium est. Cujacius vero, ita hanc legem interpretatur. « Periculi pretium est, et si conditione quamvis non pœnali existente recepturus sis quod dederis, et insuper aliquid prœter pecuniam, si modo in aliam speciem non cadat veluti ex quibus condictiones (in textu dicitur conditiones) nasci solent. » Ita quamvis nulla pœna interveniat, attamen aliquid ultra pecuniam recipere potes, si periculi pretium sit, nisi in aliam speciem contractus cadat, scilicet, contractus, de ut facias, hic quidem sensus regulis juris maxime consonat. Denique nobis notandum est, in hac quoque specie, contractus id est, quotiescumque, creditor periculum pecuniæ creditæ suscipit, nulla stipulatione opus esse, ut usurœ debeantur : sed nudum pactum ad augendam obligationem sufficere.

DROIT FRANÇAIS

CONTRAT A LA GROSSE.

CODE DE COMMERCE. — Article 311 à 331.

Le contrat à la grosse, ou pret à la grosse, ou pret à retour de voyage, est un contrat par lequel l'un des contractants, prête à l'autre un capital, sur des objets exposés à des risques maritimes, à condition que, s'ils périssent ou sont déteriorés par les accidents de la navigation, celui qui a prêté le capital, ne pourra le répéter, si ce n'est jusqu'à concurrence, de ce que ces objets se trouveront valoir, et que, s'ils arrivent heureusement, celui qui a reçu la somme, sera tenu de la rendre à celui qui l'a prêtée avec un profit convenu, qu'on nomme profit maritime.

Le contrat à la grosse, tel qu'il est adopté parmi nous, n'est ni une vente, ni une société, ni un prêt proprement dit, ni une assurance, ni un composé de ces divers contrats ; c'est un contrat spécial ayant un caractère et des attributs qui lui sont propres‘

CARACTÈRES DU CONTRAT A LA GROSSE.

Le prêt à la grosse est un contrat consensuel en ce sens que la convention de prêter est valable par elle même ; mais il est réel en ce sens que l'action du prêteur est subordonnée à l'existence de la chose affectée. Il est unilatéral, car l'emprunteur seul est obligé, le prêteur qui a compté la somme convenue ne l'est aucunement ; à titre onéreux cela est évident puisque les intérêts du prêteur et de l'emprunteur sont en jeu, enfin, essentiellement aléatoire, car le prêteur prend à sa charge les risques maritimes des objets, sur lesquels le prêt est fait, risques qui sont évalués, ainsi qu'il est dit plus haut, à un prix nommé profit maritime ou change.

Les éléments essentiels du contrat à la grosse sont indépendamment du consentement des parties : 1° une somme d'argent qui soit prêtée, 2° une ou plusieurs choses sur lesquelles le prêt est fait, 3° des risques maritimes auxquels ces choses soient exposées, 4° et une somme convenue que l'emprunteur s'engage à payer au prêteur en cas d'heureuse arrivée, pour prix des risques que celui-ci a courus.

FORMES DU CONTRAT A LA GROSSE.

Avant d'étudier chacun des éléments essentiels du contrat à la grosse, que nous venons d'énumérer il est nécessaire d'en étudier les formes. L'art. 311 du Code de Commerce nous les donne. « Le contrat à la grosse, dit-il, est fait devant notaire ou sous signature privée. » Et d'abord une intéressante question, encore aujourd'hui l'objet de controverse, naît des premiers mots de cet article : l'écriture est-elle essentielle à l'existence du contrat, ou seulement à sa preuve. Malgré le texte de l'art. 311, qui semblerait faire de l'écriture une condition constitutive du contrat, il est admis par Delvencourt et Locré que le contrat peut-être prouvé par témoins et par suite est indépendant de l'écriture ; le motif qu'ils en donnent, c'est le rejet de la proposition faite par la Cour de Rennes, lors de la confection du Code de Commerce, de décider la question en ce sens. « La preuve n'est pas reçue par témoins quelle que soit la modicité de la somme. » Pardessus ; Bravard-Veyvrières, d'accord avec Pothier exigent un commencement de preuve par écrit, pour admettre la preuve testimoniale. Bien entendu, l'aveu et le serment, seront toujours admis comme modes de preuves. Toutefois l'absence d'un écrit aura à l'égard du tiers une influence considérable ; puisque l'enregistrement étant impossible, aux termes de l'art. 312, le prêteur perdra son privilége.

L'acte de grosse doit énoncer, 1° le capital prêté et la somme convenue pour le profit maritime, si le prêt consistait en marchandises, l'écrit devrait faire mention de l'estimation. A défaut de mention relative au profit maritime, on ne verrait plus qu'un contrat de prêt ordinaire. Le profit maritime varie suivant les différentes places de commerce, et, en temps de guerre, il peut devenir considérable.

2° Les objets sur lesquels le prêt est affecté, la désignation doit être suffisamment claire, pour bien faire connaître au porteur les chances qu'il prend à sa charge ; ces mentions ont pour but d'apprendre sur quels objets reposent les droits du prêteur, et d'apprécier si la valeur prêtée est ou non supérieure aux objets sur lesquels porte le privilége.

3° Le nom du navire et du capitaine, ces mentions sont plûtôt utiles qu'essentielles, mais elles sont cependant fort importantes. Car le prêteur ne prête souvent son capital qu'*intuitu personnæ*, c'est-à-dire à cause de la science ou de l'expérience du capitaine ou de la construction du navire ; il lui importe donc fort souvent que ni le capitaine ni le navire ne soient changés. Cela constituerait une sorte de fraude.

4° Les noms du prêteur et de l'emprunteur ; le nom du prêteur n'est pas indispensable ; si l'acte de grosse contient l'engagement de rembourser au porteur, qui alors est censé avoir fait le prêt par lui-même ou un mandataire.

5° Si le prêt a lieu pour un voyage.

6° L'époque du remboursement.

Le contrat doit être enregistré dans les dix jours de sa date, cet enregistrement se fait au greffe du Tribunal de Commerce, le défaut d'enregistrement prive le prêteur de son privilége et ne lui laisse plus qu'une action personnelle. La Cour de Rennes regardait comme suffisant qu'il le fut avant le départ du navire : mais entre la date de l'acte et le départ du vaisseau, il peut s'écouler un temps considérable, qu'on n'a pas voulu laisser libre à la fraude.

Quant au lieu ou doit être enregistré le contrat, la loi étant muette et les déchéances étant de droit étroit, il faut décider que l'enregistrement peut avoir lieu, soit au domicile du prêteur ou de l'emprunteur, soit au lieu où le contrat est passé. Si le contrat à la grosse est fait à l'étranger, il faut remplir les formalités voulues par l'art. 236 du Code de commerce, c'est-à-dire obtenir l'autorisation du consul français ou du magistrat du lieu où on se trouve, après rapport d'un procès-verbal signé des

principaux de l'équipage et constatant la nécessité de l'emprunt,
l'acte de prêt à la grosse, s'il est à ordre, est susceptible de né-
gociation par voie d'endossement ; l'art. 313 l'assimile aux autres
effets de commerce, toutefois la garantie du paiement ne s'étend
pas au profit maritime, à moins que le contraire n'ait été expres-
sément stipulé.

DES CHOSES QU'ON PEUT PRÊTER A LA GROSSE.

La chose prêtée consiste ordinairement en une somme d'argent, mais rien n'empêche de prêter toute espèce de choses
fongibles dont l'emprunteur puisse librement disposer ; l'emprunteur peut faire tel usage qu'il lui plaît de la chose empruntée,
sans que le défaut d'utilité de l'emploi, ou de changement de
destination par lui fait de cette somme, puisse être invoquée
contre le prêteur comme moyen de nullité ou de résolution du
contrat.

DES CHOSES QUI PEUVENT ÊTRE AFFECTÉES A
L'EMPRUNT A LA GROSSE.

L'art. 315 énumère les divers objets sur lesquels peut porter
le privilège : les emprunts à la grosse, dit-il, peuvent être affectés, sur le corps et quille du navire, sur les agrès et apparaux,
sur l'armement et les victuailles, sur le chargement, sur la to-

talité de ces objets conjointement ou sur une partie déterminée de chacun d'eux. Toutefois il faut remarquer que cette énumération est dans le contrat susceptible de divisions.

Lorsque l'acte de grosse dit que le prêt est fait sur le navire, il n'affecte pas le chargement, ou, comme on dit, les facultés, c'est-à-dire les marchandises ; et réciproquement le prêt sur marchandises n'atteint pas le bâtiment. Mais l'art. 318 rappelant du reste les dispositions de l'ordonnance de 1681, prohibe l'emprunt sur le fret à faire ou sur le profit espéré des marchandises. Lors du contrat, ces objets sont incertains et par conséquent ne peuvent représenter le capital prêté, ce qui est contraire à l'essence même du prêt à la grosse, aussi les deux parties peuvent-elles également invoquer la nullité : le prêteur n'aura droit qu'au remboursement des sommes avancées, et ce sans aucun intérêt, quels que soient les profits réalisés par l'emprunteur. Mais aussi par une conséquence logique, l'emprunteur lui doit ce remboursement, quand même il y aurait perte entière. Remarquons cependant que le prêt sur le profit acquis des marchandises est légal, il faut même décider, quoiqu'il y ait controverse sur ce point, qu'on peut emprunter à la grosse sur le fret acquis. L'art. 319 ne permet pas aux gens de mer d'emprunter à la grosse, sur leurs gages. Cette prohibition est une sage innovation puisqu'elle intéresse les matelots à la conservation du navire.

DES RISQUES.

Il faut que les objets affectés soient soumis à des risques maritimes, sinon il n'y a plus qu'un prêt ordinaire, suivant l'opinion commune et productif d'intérêts du jour du prêt. Il suffira que les risques aient commencé à courir pour que le contrat à la grosse soit valable et reçoive son effet. Du reste, il ne suffit pas que les objets sur lesquels on emprunte à la grosse existent, et soient susceptibles d'être affectés à cette sorte de prêt ; il faut encore que leur valeur soit égale à la somme ou valeur prêtée, autrement la nature de la convention serait changée ; *car il est de principe, que ce contrat ne peut être pour l'emprunteur un moyen de gagner mais seulement d'éviter une perte.* La loi annule le contrat, si l'emprunt à la grosse est fait pour une somme excédant la valeur des objets, sur lesquels il est affecté, mais dans le cas seulement où il y a fraude et la part de l'emprunteur. Cette annulation n'existe que dans l'intérêt du prêteur ou du porteur qui a charge d'établir la fraude. Il n'est pas douteux, selon nous, que le prêteur ait le droit de réclamer les intérêts de son capital, si, pour cause de fraude, il faut prononcer la nullité du contrat. Ce qui le veut, c'est d'abord la faveur due au prêteur, dont la bonne foi a été surprise, ce qui le prouve, c'est la disposition de l'art. 317. En effet cet article qui en cas de bonne foi maintient le contrat à la grosse jusqu'à concurrence des valeurs affectées, accorde au prêteur, l'intérêt au cours de la place, sur l'excédant de la somme empruntée qui doit lui être remboursée. Si le prêteur en même temps qu'il se fait remettre le billet à la grosse, se faisait souscrire par l'emprunteur une lettre de change, par exemple, lui assurant le paiement en cas de perte du navire, le contrat cessant d'être aléatoire, les risques qui sont de son essence disparaissant, le profit maritime cesserait d'être dû, il n'y aurait plus de prêt à la grosse. Les risques qu'il court sont qualifiés de fortune de mer ; l'art. 350 du code de commerce en donne l'énumération. Ce sont des événements tels que la prudence humaine n'ait pu, ni les prévoir, ni y résister, c'est ce qu'on nomme *cas fortuits* et *force majeure.* Toutefois on peut les restreindre par la convention,

3

sans jamais aller jusqu'à s'affranchir des avaries grosses. L'art.
326, décharge le prêteur des conséquences du vice propre de la
chose, et des dommages causés, par le fait de l'emprunteur. On
décide avec raison que le prêteur peut valablement consentir à
courir les chances du vice propre, puisqu'il n'y a là rien de
contraire à la bonne foi ni à l'essence du contrat. On entend par
vice propre de la chose, toute détérioration, destruction, ou
perte qui arrivent par un accident auquel cette chose, même en
la supposant de la plus parfaite qualité dans son genre, est
sujette par sa nature propre. On ne considère pas si la navigation en elle-même, et abstraction faite de tempêtes, naufrages,
et autres accidents maritimes, a développé ce vice ou en a aug-
menté les effets; il suffit que la source de la perte provienne,
soit de la mauvaise qualité de la chose, soit des détériorations
auxquelles sa nature les soumet

Mais, toute convention par laquelle le prêteur se chargerait des
pertes occasionnées par le fait de l'emprunteur, serait de plein
droit nulle comme immorale.

L'acte de grosse habituellement détermine le temps des risques, sinon, aux termes de l'art. 328, il court, à l'égard du
navire, des agrès, apparaux, armement et victuailles, du jour
que le navire a fait voile jusqu'au jour où il est ancré et amarré
au port du lieu de sa destination. A l'égard des marchandises, le
temps des risques court du jour qu'elles ont été chargées dans
le navire ou dans les gabares pour les y porter, jusqu'au jour où
elles sont délivrées à terre. Si le prêt est fait pour un temps
limité, la perte survenue après l'expiration de ce temps n'est
point à la charge du prêteur, à moins toutefois que la clause
limitant le temps n'eût pour objet que d'établir une augmentation
de profit maritime; de plus, la perte n'oblige le prêteur que si
elle arrive dans les lieux fixés par le contrat. Tout changement

de route, qui n'est pas nécessité par tempête, crainte de l'ennemi ou toute autre fortune de mer, décharge immédiatement le prêteur de tous risques ultérieurs, et il faudrait décider que le sinistre se produisant, alors même que le navire a repris la route tracée par le contrat, n'engagerait plus la responsabilité du prêteur. Enfin, il faut assimiler, quant à ses effets, au changement de route ou de voyage, le changement volontaire de navire de la part de l'emprunteur.

DU PROFIT MARITIME.

Le contrat à la grosse ne se comprend pas sans un certain bénéfice pour le prêteur; ce bénéfice appelé *change* ou profit maritime est une des conditions constitutives du contrat qui, sans lui, reste un simple prêt naturellement gratuit. Toutefois, il ne faudrait pas aller jusqu'à prétendre que le défaut de stipulation formelle du profit maritime ou l'absence de sa mention dans l'acte de grosse dût nécessairement faire dégénérer en prêt ordinaire le contrat à la grosse.

Mille circonstances de fait peuvent expliquer ces lacunes et restituer au contrat sa véritable nature, et alors, pour fixer le taux du profit maritime, tacitement convenu entre parties, on consulterait les usages de la place où le contrat a été passé; on tiendra même compte de la date du contrat, si le taux de la place avait varié. La nature du contrat, les dangers nombreux auxquels sont exposées les marchandises prêtées, l'aléa couru par le prêteur, les besoins de crédit de la navigation, les bénéfices considérables que peuvent donner les armements, légitiment la latitude laissée par la loi pour la fixation du change.

Contrairement à la législation de Justinien qui lui avait donné un taux maximum, chez nous il n'a pas de limite, et les raisons que nous venons d'indiquer justifient, aux yeux de la morale la plus sévère, l'innovation de notre loi. Nous rappelons d'ailleurs que cette faculté laissée par la loi, de porter à un taux arbitraire le profit maritime cesserait d'être juste si les risques qui en sont la cause n'existaient pas, aussi avons-nous dit qu'en l'absence de risques le contrat à la grosse serait nul.

Il est admis sans contestation que quelle que soit la cause qui abrége le voyage et fait cesser les risques, le profit maritime est dû s'il n'y a pas eu perte du navire, qu'il n'est pas nécessaire pour qu'il soit exigible que les dangers aient continué tout le temps convenu. Par application de ce principe, les auteurs modernes, contrairement à l'opinion de Pothier, décident que le prêteur a droit au profit entier, si ayant prêté pour l'aller et retour il n'y a pas retour.

En effet, en exécution du contrat, il a dû se dessaisir de ses fonds, et peut-être par là, s'est vu dans l'impossibilité de prêter à un autre armateur avec lequel il eut gagné le change en entier.

Pardessus et Delvencourt disaient avec raison que si au lieu de stipuler un intérêt, ou même une somme fixe, comme profit maritime, le prêteur devait, en cas de réussite, recevoir une part des bénéfices du voyage, il y aurait là plutôt un contrat de société qu'un prêt à la grosse.

Nous avons étudié les divers éléments essentiels du contrat à la grosse, il nous reste encore à examiner la capacité nécessaire pour emprunter à la grosse et les effets de ce contrat.

QUELLES PERSONNES PEUVENT EMPRUNTER A LA GROSSE.

En principe, pour pouvoir emprunter à la grosse, sur le corps ou les facultés d'un navire, il faut être propriétaire. En cas de co-propriété la majorité fait loi, et elle se détermine par une portion d'intérêt excédant la moitié. Art. 220. Code de com.

On comprend bien la nécessité de la qualité de propriétaire pour réaliser ce contrat. Le privilége auquel il va donner naissance conduira à l'aliénation du navire si la valeur prêtée et son intérêt n'étaient pas payées.

D'un autre côté, la règle qu'en fait de meubles, possession vaut titre, ne saurait s'appliquer aux navires, et la bonne foi du prêteur imprudent ne pourrait sauver ses droits. Toutefois, l'exception à la règle, en fait de meubles, possession vaut titre, n'existe pas pour les marchandises, de telle sorte que le prêt à la grosse consenti sur les marchandises par un prêteur de bonne foi ou détenteur non propriétaire serait valable.

La règle posée, il fallait nécessairement accepter des exceptions, il fallait permettre au capitaine, quelquefois seul juge possible des intérêts communs, de pouvoir engager le navire et les marchandises pour se procurer les fonds indispensables à

leur conservation. La loi, du reste, a entouré de salutaires pré-
cautions l'exercice du pouvoir qu'elle a dû reconnaître au
capitaine.

Dans le lieu de la demeure du propriétaire du navire ou de
tous fondés de pouvoir connus du capitaine et munis d'un mandat
les autorisant à engager le navire, le capitaine ne peut sans leur
intervention à l'acte de grosse ou un pouvoir authentique par
eux consenti, contracter un emprunt à la grosse, alors même
que la nécessité serait évidente; la loi est formelle, et aux
termes de l'art. 321 du Code de Commerce, le prêt ne vaudrait
que jusqu'à concurrence de l'intérêt du capitaine dans le navire.
Les co-propriétaires ne seraient pas obligés.

Toutefois, en vertu de ce principe que nul ne peut s'enrichir
au détriment d'autrui, s'ils avaient profité du prêt, ils devraient
le remboursement. Il faut même dire, qu'alors même qu'il ne
resterait pour eux, aucun profit réel, par suite de la perte du
navire; du moment que les dépenses couvertes par l'emprunt
étaient nécessaires, ils doivent rembourser.

L'art. 235 déroge à l'art. 321 et permet au capitaine, dans le
lieu de la demeure des propriétaires, d'emprunter à la grosse,
mais seulement dans les circonstances suivantes : Il faut que le
navire ait été affrété de la volonté des propriétaires et que
quelques-uns refusent de participer aux frais de l'expédition,
sommation préalablement faite d'y contribuer, le capitaine peut
pour leur compte, avec autorisation du juge, emprunter à la
grosse, sur leurs portions d'intérêt dans le navire.

Dans le lieu de la demeure des propriétaires, la jurisprudence
ne permet même pas, à celui d'entr'eux qu'ils ont choisi pour
armateur, d'emprunter à la grosse sans leur autorisation, et en

cas de violation de cette règle, se produiraient les mêmes conséquences que pour le capitaine. Le prêt à la grosse ne serait pas
opposable aux autres co-propriétaires, contre lesquels le prêteur
n'aurait ni privilége, ni même action personnelle pour le paiement du profit maritime, mais seulement action pour le remboursement des avances, si elles avaient été employées à couvrir
des dépenses nécessaires. Le prêt vaudrait, au contraire, dans
les rapports du prêteur avec l'armateur, si les propriétaires
n'habitaient pas le lieu où se fait l'armement, sans aucun doute,
l'armateur et, suivant l'opinion commune, le capitaine lui-même
seraient capables de contracter un prêt à la grosse, sans l'autorisation ni des propriétaires, ni de justice.

Si c'est en cours de voyage que se fait sentir la nécessité d'emprunter pour réparer le navire, ou faire face à tous autres besoins,
le capitaine alors peut engager le navire moyennant que le prêt à
la grosse soit autorisé par justice et que la nécessité ait été
constatée par un procès-verbal signé des principaux de l'équipage. Telle est la disposition de l'art. 234, § 1er. Le capitaine peut
également emprunter à la grosse sur les marchandises avec cette
différence que, même après la vente du navire, le prêt est possible,
à la conservation ou transport des marchandises et même au
paiement des frais nécessités par le sauvetage.

Qu'arrivera-t-il si le capitaine ne s'est pas conformé aux dispositions de l'art. 234? Le prêt sera-t-il nul même vis-à-vis des
propriétaires? Non; le prêt sera opposable avec toutes ses conséquences aux propriétaires du navire, responsables des faits de
leur mandataire dans les lieux où il doit les représenter. Mais les
tiers qui y ont intérêt pourront se prévaloir de la violation de
l'art. 234, et vis-à-vis d'eux le contrat à la grosse sera nul. Bien
entendu, l'armateur aura son recours contre le capitaine qui,
sans observer les formes protectrices, aura obligé le navire. Les

propriétaires pourront aussi, s'ils le croient utile, invoquer les dispositions de l'art. 216 du Gode de commerce et se décharger, par l'abandon du navire et du fret, de l'obligation d'acquitter le billet de grosse.

Le capitaine était leur mandataire forcé; ils sont tenus de ses engagements, mais la loi n'a pas voulu les mettre à la merci d'un homme, et a apporté des limites à leur obligation, en leur permettant de se libérer par l'abandon de la chose à l'occasion de laquelle est né le mandat forcé et aussi l'engagement pris par le capitaine.

Quant au porteur du billet de grosse, obligé de subir l'abandon, il pourra, si l'abandon ne lui donne pas le bénéfice que promettait le contrat, actionner le capitaine, à moins qu'il ne soit démontré que le prêteur, avant le contrat, connaissait la faute commise par le capitaine.

EFFETS DU CONTRAT A LA GROSSE.

Nous devons rappeler seulement les principes que nous avons déjà posés. A la cessation des risques, l'emprunteur doit le capital prêté et le profit nautique. Il les doit de suite si l'on consulte la loi, et cependant l'usage lui accorde un certain délai pour remplir son obligation. La cessation des risques n'a pas lieu seulement à l'expiration du temps convenu ou du voyage prévu, mais aussi à tout changement de route volontaire, ou abréviation volontaire de voyage, les obligations de l'emprunteur deviennent exigibles.

Où doit se faire le paiement? au lieu convenu; à défaut de convention au lieu où finissent les risques et là le débiteur, s'il ne trouve pas de mandataire du prêteur, peut consigner, et même provisoirement conserver la somme due, sans être d'ailleurs tenu des intérêts en cas de retard.

Aujourd'hui, comme sous l'empire de l'ordonnance, se présente une double question.

Le capital dû est-il de plein droit productif d'intérêt à partir de l'échéance? Le profit nautique doit-il être capitalisé pour produire intérêt? Pardessus et Delvincourt adoptent la négative enseignée par Pothier, tandis que Boulay-Paty et Dageville soutiennent l'affirmative et lui font produire intérêt s'il y a convention ou demande en justice.

La Cour de Rennes, qui avait proposé, lors de la formation du Code, la négative a par plusieurs arrêts confirmé l'opinion de Boulay-Paty.

Le privilége porte sur le navire et accessoires et sur le fret acquis. En cas de naufrage, le fret des marchandises est d'abord employé à désinteresser les sauveteurs, les matelots, et s'applique ensuite au privilége du prêteur. Le privilége du prêteur porte sur le fret payé d'avance, et stipulé acquis à tout événement, du moment que les marchandises ont été sauvées; dans le cas contraire, la stipulation exceptionnelle intervenue entre l'armateur et le chargeur, lui est tout-à-fait étrangère.

Mais si le fret n'a pas été payé d'avance, toute stipulation entre le prêteur et l'emprunteur dispensant celui-ci en cas de naufrage, de rapporter le fret acquis serait contraire à l'essence du contrat et nulle. Si le navire et la marhandise sont affectés à

l'emprunt, la perte de l'un ou de l'autre fait porter le privilége
tout entier sur l'élément qui a été sauvé. Par application de cette
maxime. « *Qui salvam facit pignoris causam* » quand il y a lieu
de croire que le dernier emprunt a conservé le gage convenu,
il est préféré aux autres.

On s'est demandé si le simple prêteur, qui n'a pas stipulé de
profit nautique, mais a entendu contracter le prêt ordinaire, a
comme le prêteur à la grosse, un privilége quand l'emprunt a
été fait en conformité des dispositions de l'art. 234, et pour
servir aux nécessités du navire. L'affirmative n'est plus douteuse,
si l'on remarque que l'art. 323 parle d'emprunts, sans dire
emprunts à la grosse, et surtout si l'on tient compte du but que
s'est proposé le législateur : faciliter les réparations du navire.

Le prêteur privilégié perdra son privilège aux termes de
l'art. 193 du Code de commerce, par la vente du navire, ou
bien par l'armement suivi d'un voyage en mer de 60 jours sous
le nom et aux risques de l'acquéreur, et ce malgré la transcription de son contrat au tribunal de commerce du même lieu. La
perte des objets sur lesquels frappe le privilège aura le même
effet, pourvu qu'elle arrive par cas fortuit dans le lieu et au
temps des risques. Bien entendu, nous en parlons ici au point
de vue restreint de la perte du privilège. Car si nous comparons
d'une manière plus générale les effets de la vente et de la perte
des objets du gage, ce dernier événement, quand il se produit
dans les conditions que nous venons d'énumérer, a un effet
bien plus étendu, puisqu'il enlève au prêteur toute action personnelle pour réclamer, soit le profit nautique, soit le capital
prêté. On assimile à la perte des objets la détérioration subie par
fortune de mer, en réduisant leur valeur des trois quarts. C'est
l'art. 369 du Code de Commerce qui par analogie est appliqué
au prêt à la grosse. Et même la clause possible qui le dispen-

serait de prendre à sa charge les avaries simples ne lui permettrait pas de s'opposer au délaissement.

Nous n'acceptons pas l'opinion qui permet au chargeur qui a emprunté à la grosse sur l'intérêt qu'il a dans le chargement, de ne mettre des marchandises en risques que jusqu'à concurrence de la valeur du prêt, de telle sorte qu'il pourrait, pendant les risques, réduire à cette valeur ce qu'il a chargé sans pouvoir en cas de perte ultérieure, être tenu proportionnellement à la valeur précédemment débarquée. Nous supposons que lors du contrat à la grosse, il n'a pas été fait de réduction, alors, selon nous, le chargeur qui a engagé tout son intérêt ne peut plus tard, restreindre son obligation.

L'art. 327, en cas de naufrage, réduit le paiement des sommes empruntées à la valeur des objets sauvés et affectés au privilége, déduction faite des frais de sauvetage.

Il y a lieu d'étendre cette disposition au cas de détérioration, ou par fortune de mer. Nous croyons que si la loi ne permet pas d'emprunter sur des effets d'une valeur moindre que la somme prêtée, comme on n'a pas défendu de le faire sur des effets d'une valeur bien supérieure, en cas de perte partielle du chargement, il n'y aura pas concours sur la partie sauvée entre le prêteur et le chargeur; celui-ci conservera seulement ce qui restera après désistement complet du prêteur. Il y aurait au contraire lieu à règlement par contribution entre le prêteur et le preneur, sur les objets sauvés, s'il n'y avait qu'une partie affectée au prêt.

L'art. 329 dispose que celui qui emprunte à la grosse sur des marchandises, n'est point libéré par la perte du navire et du chargement, s'il ne justifie qu'il y avait, pour son compte, des effets jusqu'à concurrence de la somme empruntée. En effet, le prêteur ne peut être responsable que des objets exposés à des risques ou fortune de mer.

Le prêteur à la grosse doit toujours dit l'arti. 330 répondre des avaries communes, parce qu'elles ont été subies pour le salut commun, notamment pour le salut des choses affectées au pret. Il peut au contraire mais par une clause expresse s'affranchir des avaries simples. L'art. 331 vise le cas ou partie du chargement était affectée au contrat à la grosse, dans l'autre partie il décide qu'en cas de naufrage, il y a concours proportionnel entre l'assureur et le et le prêteurs. De même que le prêteur ne fait pas entrer en compte le profit maritime qui n'est pas du puisqu'il n'y a pas heureuse arrivée, l'assureur de son coté n'ajoute pas la prime à la somme assurée.

Si l'article 191 du code de Commerce, préfère le prêteur à la grosse à la l'assureur, c'est qu'il s'agit dans ce cas du bénéfice de l'assureur c'est-à-dire de sa prime et non de la somme assurée.

Jamais du reste le prêteur à la grosse, n'a droit à la somme payée par l'assurance, autrement, il n'y aurait pas de risques et nous dit, que c'était de l'essence du contrat ; aussi l'art. 347 du code de Commerce, défend-il au preneur de faire assurer les sommes empruntées.

Terminons, par cette observation, que la prescription de 5 ans, s'applique aux actions nées du contrat à la grosse conformément aux art. 432 et 434.

POSITIONS.

1° Pour qu'il y ait justes noces, la tradition de la femme au mari est-elle nécessaire ? — **Oui.**

2° Avant la démolition, le constructeur de bonne foi, peut-il réclamer au propriétaire du sol une indemnité ? — **Il a les interdits.**

DROIT FRANÇAIS.

1° L'enfant né moins de 180 jours après la célébration du mariage naît-il légitime ou légitimé ? — **Il naît légitimé.**

2° La possession d'état prouve-t-elle la filiation naturelle ? — **Oui.**

3° L'usufruitier qui a fait des constructions a-t-il droit à une indemnité ? — **Oui.**

4° Quelle est la situation de l'héritier qui est resté 30 ans sans prendre parti ?—**Il a perdu la faculté qui lui était nécessaire, pour accepter ou renoncer.**

5° Les héritiers du donateur, peuvent-ils opposer le défaut de transcription ? — **Oui.**

6° La dote mobilière est-elle inaliénable comme la dot immobilière ? — **Non.**

7° Le débiteur qui n'a pas de biens présents peut-il hypothéquer ses biens à venir ? — **Oui.**

CODE DE PROCÉDURE.

Les jugements rendus par les tribunaux étrangers, ont-ils force de chose jugée en France ? — **Oui.**

CODE DE COMMERCE,

1° L'écriture est-elle nécessaire à la formation du contrat à la grosse ? — **Non.**

2° Le profit nautique est-il productif d'intérêts à partir de la demande en justice ? — **Oui.**

DROIT ADMINISTRATIF.

Y a-t-il lieu à appel, comme d'abus, lorsqu'un prêtre a procédé au mariage religieux sans s'être fait représenter l'acte civil ? — **Oui.**

Vu par le doyen, par intérim,

Nantes, Imp. Ev. Mangin.